*Ein (fast) leeres Buch.
Und doch ist nahezu
Alles gesagt.*

*Eine Provokation.
Zum Nachdenken*

Richard A. Huthmacher

Ein (fast) leeres Buch.
Und doch ist nahezu
Alles gesagt.

Eine Provokation.
Zum Nachdenken

Bibliografische Informationen der Deutschen Nationalbibliothek:
Die Deutsche Nationalbibliothek verzeichnet diese Publikation
in der Deutschen Nationalbibliografie; detaillierte bibliografische
Daten sind im Internet über http://dnb.dnb.de abrufbar.

© 2017 Richard A. Huthmacher
Umschlaggestaltung, Herstellung und Verlag:
BoD – Books on Demand

ISBN: 978-3-7431-4761-4

HOFFNUNG.
WARUM ICH SCHREIBE

Damit ich leben kann.

Damit ich überleben kann.

Damit ich das Leben, das mir widerfährt, ertragen kann.

Damit meine Gedanken mich nicht erschlagen.

Damit meine Gefühle mich nicht erdrücken.

Damit mein Hass mich nicht zerbricht.

Damit die Angst mich nicht erstickt.

Damit ich lieben kann.

Darum schreibe ich.

WARUM MAN MEINE BÜCHER DRUCKT:

PECUNIA NON OLET.

WARUM MAN MEINE BÜCHER NICHT DRUCKT:

„ES IST EINE STIMME EINES PREDIGERS IN DER WÜSTE ..."

1982 schuf Joseph Beuys sein wohl bekanntestes Werk: In Raum 3 der Düsseldorfer Kunstakademie stieg er auf die Leiter und klebte 5 Kilo Butter in eine Ecke seines Ateliers; anschließend schmiegte sich „Die Fettecke" an den Putz der Wände. In 5 Metern Höhe.

Indes währt(-e) solche Kunst nicht ewig: Bald nach Beuys Tod (1986) entfernte ein Hausmeister der Akademie die zwischenzeitlich ranzig gewordene Butter. Johannes Stüttgen, langjähriger Atelierleiter von Beuys, dem, ersterem, letzterer sein Werk vermacht hatte, sah seine Eigentumsrechte verletzt und klagte gegen das Land Nordrhein-Westfalen; in zweiter Instanz schlossen die Parteien einen Vergleich, und Stüttgen erhielt 40 000 D-Mark Schadenersatz.

Viel Geld für wenig Butter?

Politisch
Lied, gar garstig
Lied

Kunst
muss Hoffnungen
und Wünsche, muss Sehnsüchte
und Ängste ausdrücken, muss mit der
Kettensäge die Verzweiflung des Geistes, mit
dem Strich des Pinsels die Narben der
Seele zum Ausdruck
bringen.

Wie
also könnte
der Künstler sein,
der nie Zweifel und Ver-
zweiflung gespürt
hat?

Wie
sollte Kunst
entstehen ohne
Leid?

Wieviel
Leid jedoch
kann der Künstler,
kann der Mensch
schlechthin ertragen?

Politisch
Lied, gar garstig
Lied

Kunst
muss Hoffnungen
und Wünsche, muss Sehnsüchte
und Ängste ausdrücken, muss mit der
Kettensäge die Verzweiflung des Geistes, mit
dem Strich des Pinsels die Narben der
Seele zum Ausdruck
bringen.

Wie
also könnte
der Künstler sein,
der nie Zweifel und Ver-
zweiflung gespürt
hat?

Wie
sollte Kunst
entstehen ohne
Leid?

Wieviel
Leid jedoch
kann der Künstler,
kann der Mensch
schlechthin ertragen?

1982 schuf Joseph Beuys sein wohl bekanntestes Werk: In Raum 3 der Düsseldorfer Kunstakademie stieg er auf die Leiter und klebte 5 Kilo Butter in eine Ecke seines Ateliers; anschließend schmiegte sich „Die Fettecke" an den Putz der Wände. In 5 Metern Höhe.

Indes währt(-e) solche Kunst nicht ewig: Bald nach Beuys Tod (1986) entfernte ein Hausmeister der Akademie die zwischenzeitlich ranzig gewordene Butter. Johannes Stüttgen, langjähriger Atelierleiter von Beuys, dem, ersterem, letzterer sein Werk vermacht hatte, sah seine Eigentumsrechte verletzt und klagte gegen das Land Nordrhein-Westfalen; in zweiter Instanz schlossen die Parteien einen Vergleich, und Stüttgen erhielt 40 000 D-Mark Schadenersatz.

Viel Geld für wenig Butter?

WARUM MAN MEINE BÜCHER DRUCKT:

PECUNIA NON OLET.

WARUM MAN MEINE BÜCHER NICHT DRUCKT:

„ES IST EINE STIMME EINES PREDIGERS IN DER WÜSTE ..."

HOFFNUNG.
WARUM ICH SCHREIBE

Damit ich leben kann.
Damit ich überleben kann.
Damit ich das Leben, das mir widerfährt, ertragen kann.
Damit meine Gedanken mich nicht erschlagen.
Damit meine Gefühle mich nicht erdrücken.
Damit mein Hass mich nicht zerbricht.
Damit die Angst mich nicht erstickt.
Damit ich lieben kann.
Darum schreibe ich.

DER AUTOR.
UND SEIN WERK

Richard A. Huthmacher studierte u.a. Medizin, Psychologie, Soziologie und Philosophie; viele Jahre war er als Arzt tätig und ist nun Chefarzt im Ruhestand.

Nach ersten literarischen Veröffentlichungen wurde der Autor durch seine ärztliche Tätigkeit in Anspruch genommen; insbesondere entwickelte er bahnbrechende neue Methoden zur Behandlung von Krebserkrankungen (s. hierzu den Tatsachen- und Enthüllungsroman „*Dein Tod war nicht umsonst*").

(Fiktive) Briefpartnerin des mehrteiligen Briefromans „*Offensichtliches, Allzuoffensichtliches*", einer Essay-Sammlung ebenso zu Themen der Zeit wie zum Mensch-Sein allgemein, ist seine verstorbene – genauer: ermordete – Frau (s. auch hierzu den Tatsachen- und Enthüllungsroman „*Dein Tod war nicht umsonst*").

Auch in „*Aperçus, Aphorismen, Gedichte – Gedanken, die sich nur selten reimen. Indes nicht weniger wahr sind*" (Teile 1-4) hinterfragt der Verfasser das – nur vermeintlich – „Offensichtliche, Allzuoffensichtliche", das die je Herrschenden uns einreden möchten, damit sie ihre einträglichen Geschäfte betreiben können.

Die Gedichte von „*Homo homini lupus. Carmina Burana: Über Menschen und das Leben. Über Sterben und den Tod*" (*Der Tragödie 1. und der Tragödie 2. Teil*) dienen dem Autor als „Trojanisches Pferd": Sie sollen sich einschleichen in das Innerste der Leser, in ihre Herzen und Seelen; sie sollen diese berühren und bewegen.

Und sie mögen Carmina Burana sein, die Verse Suchender, nicht Wissender, die Reime derer, die durch das Leben streifen, die Chronisten sind – ebenso der Erbärmlichkeit der Herrschenden wie der Wunder der Schöpfung, insbesondere aber der Wertschätzung des Menschen, so wie er ist, wie er sollt sein: Der Mensch – ein Traum, was könnte sein, was möglich wär. Nur ein Vielleicht, nicht weniger, nicht mehr.

In dem Drama *„Ohne Worte. Ein Leben in Deutschland"* zeigt der Autor, dass die Menschen – nicht nur in Deutschland – meist nur Statisten ihres eigenen Lebens sind, stumme Zeugen dessen, was andere für sie inszenieren.

Das Drama möge zur Ermutigung dienen, auf dass – in Verbindung plautusscher Asinaria und feuerbachscher Anthropologie – in Zukunft gelten möge: Non lupus sit homo homini sed deus.

Zur Ermutigung dienen und zum gegenseitigen Verstehen anleiten soll auch das Hörspiel/die szenische Lesung: *„Nur Worte. Über ein Leben. In Deutschland"*.

In seiner mehrbändigen Abhandlung *„Die Schulmedizin – Segen oder Fluch?"* setzt sich der Autor mit den „Errungenschaften" der „modernen" Medizin auseinander; mit „Errungenschaften", die viele Menschen mit Leiden und Leid, nicht wenige gar mit dem Tod bezahlen.

Deshalb, weil die „moderne" Schul-Medizin die psychisch-seelische Dimension des Menschen kaum erfasst und, im Falle einer Erkrankung, völlig unzureichend berücksichtigt.

Da nicht sein kann, was nicht sein darf. Ansonsten, so die These, offensichtlich würde, dass weltweit Millionen und Aber-Millionen von Menschen an ihrem Leben, an den Bedingungen ihres (psycho-sozialen) Seins leiden – so sehr, dass die Einheit von Körper, Geist und Seele mit Krankheit reagiert, dass Erkrankung folglich die

Verzweiflung einer zutiefst gepeinigten Seele zum Ausdruck bringt. Notgedrungen. Zwangsläufig.

In „*Ein 'Höllen-Leben': ritueller Missbrauch von Kindern*" beschreibt der Autor das Unsägliche, Unfassbare, kaum Vorstellbare, das „kranke" Menschen Tausenden und Abertausenden von Kindern antun.

Gleichwohl: Die Täter wissen, was sie tun. Auch wenn sie tun, was sie tun müssen. Denn auch sie, die Täter, sind auf die eine oder andere Weise Opfer – jede Gesellschaft hat die Monster, die sie verdient.

Viele Exkurse (über die Thematik rituellen Missbrauchs im engeren Sinne hinaus) waren somit von Nöten, um die komplexen Zusammenhänge zwischen Opfern und Tätern, zwischen persönlicher Verantwortung und deren (gesellschaftlicher wie individueller) Bedingtheit, zwischen Schein (als Ausdrucksform des Seins) und Lebenswirklichkeit zu verstehen.

Wobei verstehen, die Täter verstehen in keiner Weise bedeutet, sie, auch nur im Geringsten, von ihrer Schuld freizusprechen.

In dem zweibändigen Traktat „*Der Kleine Fuchs. Und der Alte Mann. Ein Märchen. Nicht nur für Erwachsene*" unterhalten sich die beiden Protagonisten über existentielle Fragen des Seins, über die in Gedanken gefasste Zeit, über das Mensch-Sein in seiner sozialen Bedingtheit, über das, was möglich wär. Nicht weniger, nicht mehr.

Ihr Diskurs ist nicht philosophisch abstrakt, sondern literarisch konkret. Vollzieht sich in Prosa und Hymnen, ebenso in sonstigen Gedichten wie in vielerlei Geschichten.

Wobei der Kleine Fuchs zwar aus einer anderen Welt zu kommen scheint, seine Aussagen jedoch ebenso diesseitsbezogen wie menschenverbunden sind.

„Nun fängst Du schon wieder an zu philosophieren, Alter Mann", mahnte der Fuchs.

„Nichts anderes als ein philosophischer Diskurs ist unser gesamtes Gespräch", entgegnete der Alte, „ein Diskurs über uns, ein Diskurs über die Fragen des Seins.

Ein Diskurs, der mäandert zwischen dem ´Prinzip Hoffnung´ und der ´Philosophie des Absurden´, zwischen einer ´konkreter Utopie´ der Zuversicht und dem Aberwitzigen, dem Befremdenden und Befremdlichen, dem abstrusen menschliche Elend, welchem kein Sinn abzugewinnen, dem Leid in der Welt, das weder zu verstehen noch zu erklären ist."

Gegenstand der Abhandlungen über „Mythos und Wirklichkeit" jener Personen, die als Nobelpreis-Träger – weitgehend unrühmliche – Erwähnung (in *„Nobelpreisträger – Mythos und Wirklichkeit"*) finden, ist vornehmlich die Auseinandersetzung mit den gesellschaftlichen Phänomenen, die aus Lügnern, Betrügern und Verbrechern hochgeehrte Laureaten machen.

Mithin stellt sich die Frage, ob es nicht förderlich ist, moralisch verwerflich zu handeln. Jedenfalls dann, wenn man in dieser Gesellschaft zu Anerkennung und Ehren (und ggf. zum Nobelpreis) kommen will.

Denn die Exponenten eines Gemeinwesens spiegeln dessen Sein und Schein. Und diejenigen, welche die Geschichte – nicht nur deren (vermeintliche) Fakten, sondern auch die Wahrnehmung derselben – gestalten, brauchen Menschen, die „sozusagen ungeschehene Wahrheiten" schaffen. Und darüber berichten. Denn: „Manche Dinge sind nicht wahr. Und andere fanden nie statt."

Gleichwohl: Ubi pus, ibi evacua – warum sollten Nobel-Preisträger besser sein als die Gesellschaft, die sie repräsentieren: „Als Ossietzky [Friedens-Nobelpreisträger 1935] schließlich wehrlos und geschunden im KZ saß, verhöhnte Hamsun [Literatur-Nobelpreisträger 1920] ihn als ´diesen Narren im Konzentrationslager´."

Aberkannt wurde der Nobelpreis bisher keinem seiner Träger. Auch nicht Hamsun. Denn dann, wenn das Establishment – durch den Nobelpreis – diejenigen ehrt, die seine Interessen vertreten, wenn es, das Establishment, solcherart die in Wissenschaft und Politik erwünschte Richtung vorgibt, ist Irrtum, per se, ausgeschlossen.

Denn das herrschende System irrt nicht. Ansonsten würde es nicht herrschen. Sondern irren.

In *„Trotz alledem. Gedichte – ein Florilegium"* will der Autor Gedanken und Gefühle, Hoffnungen und Wünsche, Sehnsüchte und die so genannte Realität ver-dichten und den Blick auf das Wesentliche, das Ungesagte, das Un-Sagbare fokussieren, will mit dem Strich des Pinsels die Narben der Seele und mit der Kettensäge die Verzweiflung des Geistes zum Ausdruck bringen.

Faber non est suae quisque fortunae – Trotz alledem: "A Man's a Man for A' That."

„Neoliberalismus – der Menschen ebenso heimliche wie globale Versklavung. Zur Kritik an neoliberal-kapitalistischer Ideologie und Praxis" zeigt (in mehreren Bänden), dass Umfang und Ausmaß des neoliberalen Herrschaftssystems und dessen konkrete Auswirkungen im Alltag der Menschen, jedenfalls prima Vista, häufig nur schwer einzuschätzen sind: Deceptio dolusque suprema lex – Tarnen und Täuschen gehören zu den Grundprinzipien des Neoliberalismus´.

Systemerhaltende Macht ist in neoliberalen Systemen meist seduktiv organisiert: Sie verführt – dazu, sich einzufügen und unterzuordnen, ohne dass vorhandene repressive Strukturen überhaupt bewusst wären oder würden. Neoliberale Macht manifestiert sich nicht mehr (nur) in Strafe und/oder deren Androhung; der Einzelne macht sich vielmehr selbst zur Ware, die sich (und ihren Waren-, systemimmanent somit ihren wahren Wert) selbst kontrolliert und sich dadurch zum Objekt degradiert.

Diese ebenso sublime wie effiziente Machtarchitektur, die den Neoliberalismus kennzeichnet und erst durch die Optionen der Mind Kontrol möglich wurde, entwickelte sich zum allumfassenden neoliberalen Herrschaftsprinzip.

Summa summarum erweisen sich neoliberale Theorien als ganz und gar interessengesteuert und werden nur dann propagiert und realisiert, wenn sie den Belangen neoliberaler Profiteure dienen. Divide et impera: Nach dieser Maxime versucht der Neoliberalismus, die Gesellschaft in Gruppen mit antagonistischen Interessen zu teilen; der eigentliche, substantielle Konflikt – der zwischen arm und reich – wird wohlweislich nicht thematisiert: Wer arm und krank ist trägt selber schuld.

So marschiert der neoliberale Mensch im Gleichschritt, passt sich an, ist jederzeit und überall einsetzbar – sorgten in der Antike noch Sklaventreiber für eine maximale Ausbeutung der Unfreien, versklaven sich die des neoliberalen Zeitalters selbst.

Der Neoliberalismus – ein System organisierter Verantwortungslosigkeit. Das, allein aus Gründen des Profits, die Lebensgrundlagen unserer Erde und die der Menschheit zerstört. Derart wird der Neoliberalismus zu einer Art „Hausphilosophie" für die Reichen und Mächtigen dieser Welt, ist Ursache der Krankheit, als deren Therapie man sie, die neo-liberale Philosophie, verkauft: "´There´s class warfare, all right´, Mr. Buffett said, ´but it´s my class, the rich class, that´s making war, and we´re winning.´"

Sinn und Zweck von *„Ein (fast) leeres Buch. Und doch ist nahezu Alles gesagt. Eine Provokation. Zum Nachdenken"* erschließen sich dem geneigten Leser von selbst. Oder auch nicht. In letzterem Falle stellt sich die Frage, ob dieser Umstand dem Leser oder dem Autor zuzuschreiben ist.

„Guerre aux châteaux, paix aux chaumières" – „Friede den Hütten, Krieg den Palästen": Nicolas Chamfort, ein übler Wendehals der eine, der diese Worte prägte; Georg Büchner, ein aufrecht Gerechter, der andere. Deshalb: Messt die Menschen nicht an ihren Worten, sondern an ihren Taten.